CITADELLE DE BESANÇON.

SOUVENIRS HISTORIQUES

DE

L'ÉGLISE DE SAINT-ÉTIENNE.

PRIX : 20 CENT.

BESANÇON,

IMPRIMERIE ET LITHOGRAPHIE DE J. JACQUIN,

Grande-Rue, 14, à la Vieille-Intendance.

—

1856.

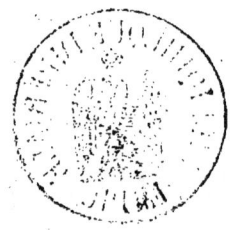

1826

SOUVENIRS HISTORIQUES

DE

L'ÉGLISE DE SAINT-ÉTIENNE.

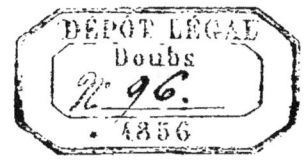

Les premiers monuments qui mentionnent la ville de Besançon nous la montrent comme une des plus importantes de la Gaule. César, qui la visita à la tête de ses légions, admira cette cité fortifiée par la nature, et surtout par la montagne qui la domine. « Cette montagne, dit-il, est entourée de murs qui en forment une citadelle (1). » Les Romains l'appelèrent le *mont Cœlius*, et y élevèrent un temple aux dieux du paganisme. On y voyait encore, au dix-septième siècle, les restes de quatre colonnes que surmontaient les statues des quatre grandes divinités adorées dans ces lieux (2).

Besançon, devenu ville romaine, s'enrichit de temples et d'édifices splendides. Mais la plus noble partie de la cité était assise sur la montagne, au pied de laquelle les Romains élevèrent l'arc de triomphe qu'on y voit encore, et qui est connu sous le nom de *Porte-Noire*.

La prospérité de la métropole séquanaise disparut devant les invasions des barbares. Au quatrième siècle, Besançon était une ville en ruines, qui n'occupait plus que le *mont Cœlius*.

---

(1) Cæsar, *De Bello*, l. 1, 38.
(2) Elles s'élevaient sur l'emplacement qu'occupe aujourd'hui la chapelle de la citadelle.

L'empereur Julien, qui la visita en 355, dit qu'elle s'élève comme un rocher inaccessible aux oiseaux mêmes (1). Resserrée dans ces bornes étroites, cette ville, après avoir repoussé les Vandales en 406, fut renversée de fond en comble par le féroce Attila, en 451. Elle sortit peu à peu de ses ruines et ne fut d'abord rebâtie que sur la montagne. Mais, au milieu de ces malheurs, cette cité était devenue chrétienne, et si elle avait perdu les temples antiques dédiés aux idoles, elle voyait s'élever dans son sein de nombreuses églises consacrées au vrai Dieu. Celles qui couvraient la montagne étaient les plus riches et les plus fameuses. Au pied du mont *Cœlius*, on distinguait l'église de Saint-Jean, plusieurs fois détruite par les incendies, et portant aujourd'hui encore les indices des styles divers dans lesquels elle a été rebâtie. Sur la droite de la montagne, du côté de Tarragnoz, s'élevait l'église paroissiale de Saint-André, patron de la Bourgogne. Près de cet édifice, on remarquait l'oratoire de Saint-Michel et la maison du reclus, pour lequel les habitants de Besançon avaient une grande vénération. Mais la plus célèbre des églises bâties sur la montagne était celle de Saint-Etienne, située sur l'emplacement occupé aujourd'hui par la contrescarpe de la forteresse.

Tous ces monuments furent rasés en 1674, quand Louis XIV, maître de Besançon, fit élever la citadelle à la place des vieilles fortifications espagnoles. Cet ouvrage est une des plus belles constructions militaires de Vauban. Son pont-levis, ses murs épais taillés dans le roc, l'aspect sévère des cours intérieures, des casernes et des magasins, tout semble disposé pour inspirer la terreur. On remarque, près de la chapelle, un puits creusé dans le roc, à deux cent trente-deux mètres de profondeur. La construction de cette citadelle coûta si cher que Louis XIV de-

---

(1) *Œuvres de Julien*, lettre XXXIXe.

mandait un jour si les murailles en étaient d'or. Au sommet des murs qui entourent cette forteresse, on a pratiqué un chemin de ronde, d'où le regard embrasse la ville, les montagnes voisines et les riantes campagnes qui l'entourent.

Parmi les nombreux souvenirs qui se rattachent à la citadelle, le plus glorieux pour notre Eglise, le plus cher aux âmes chrétiennes, c'est le souvenir du culte que nos pères ont rendu, pendant quatorze siècles, à saint Etienne, premier martyr.

Saint Etienne était le premier des sept diacres de Jérusalem qui furent établis par les apôtres, quelque temps après l'Ascension de Jésus-Christ. La ferveur de sa prédication lui attira la haine des ennemis de la foi. Les Juifs l'accusèrent de blasphémer contre Moïse et contre Dieu. Etienne se défendit noblement devant les juges iniques qui avaient résolu sa mort. On l'entraîna hors de Jérusalem, du côté de la porte du Septentrion, sur le chemin de la ville de Cédar. C'est là qu'il fut lapidé, sur la fin de l'an 33 de Jésus-Christ. En expirant, il pria pour ses bourreaux. *Seigneur*, dit-il, *ne leur imputez point ce péché.*

Ainsi mourut le premier martyr du christianisme (1). Le docteur Gamaliel recueillit son corps et le fit transporter dans une terre qu'il possédait à huit lieues de Jérusalem, et qu'on appelait Caphargamala. C'est là que fut enterré saint Etienne, et son corps y resta longtemps caché, tandis que la gloire de sa sainteté brillait au ciel et sur la terre. Au quatrième siècle on célébrait déjà solennellement sa mémoire, le lendemain de Noël; mais on ignorait le lieu où reposaient ses dépouilles. Son nom fut en vénération dans la Séquanie dès les premiers temps du christianisme. Nos légendes racontent que saint Lin,

---

(1) Voir, pour la *Vie de saint Etienne*, les *Mémoires de Tillemont*, t. II.

évêque de Besançon, y bâtit en son honneur une chapelle, située au pied du mont Cœlius, c'est-à-dire au lieu même où s'élève aujourd'hui la cathédrale de Saint-Jean. Plus tard, saint Maximin, un de ses successeurs, répara ce sanctuaire, et quand sainte Hélène vint à Besançon, elle visita cette église, la première élevée au vrai Dieu dans notre province (1).

« Hélène, dit la légende, en sa qualité de mère de l'empereur Constantin, fut reçue avec distinction par les magistrats de la ville. Elle leur demanda quelle était la religion du pays. Ils répondirent qu'on y honorait beaucoup de divinités, auxquelles on rendait un culte semblable à celui de Rome. Alors la princesse s'informa, avec une indifférence apparente, s'il n'y avait point en ce lieu de partisans de la foi chrétienne. Quand elle apprit qu'il y en avait quelques-uns, elle se rendit au lieu où ils demeuraient, sous prétexte de contempler la situation de cette majestueuse cité. Ayant trouvé une occasion favorable de s'entretenir avec l'évêque, elle lui fit comprendre par ses paroles et surtout par ses larmes qu'elle était chrétienne. A cette époque, c'était Hilaire qui était évêque de Chrysopolis (2). Hélène, témoin de sa sainteté extraordinaire, le conjura de prier saint Etienne d'intervenir auprès du Seigneur pour son propre salut et pour la prospérité de l'empire confié aux mains de son fils. Elle promit que si, par son intercession, Constantin remportait la victoire sur le tyran Maxence, elle s'efforcerait de trouver quelques reliques du saint martyr, qu'elle enverrait à Besançon pour orner l'église bâtie en son honneur. Bientôt Constantin devint maître de tout l'empire. Alors la bienheureuse Hélène, poussée par son zèle, se rendit à Jérusalem pour y rechercher les traces précieuses du Sauveur.

(1) *Vesontio, pars* II, p. 34 et 36.
(2) Nom donné à Besançon dans le moyen-âge.

En ce temps, l'évêque Macaire occupait le siége de Jérusalem. La princesse lui demanda quelques reliques du premier martyr, et le patriarche, accédant à ses prières, lui remit avec la dalmatique de saint Etienne une pierre teinte de son sang. De retour à Rome, elle envoya à saint Hilaire, évêque de Besançon, ces reliques précieuses qu'elle avait apportées avec elle (1). »

Hilaire reçut avec reconnaissance ces dons sacrés, et les déposa dans l'église qu'il fit élever en l'honneur du premier martyr et qui prit, quelque temps après, le titre de Saint-Etienne et de Saint-Jean. Quand l'archevêque Bernuin rebâtit cette église, vers l'an 800, il renferma dans le grand autel la dalmatique du premier martyr (2).

Cette première relique de saint Etienne fut envoyée dans notre province, vers l'an 327. A cette époque, quoique son nom fût déjà en grande vénération, son tombeau était encore inconnu. Seulement, une église s'élevait à Caphargamala, près des ruines d'un vieux sépulcre, sous lequel étaient cachés, sans qu'on le sût, les restes du premier martyr. Un prêtre, nommé Lucien, qui desservait cette église, fut choisi du Ciel pour révéler au monde la gloire de saint Etienne. Le 3 décembre 415, Dieu lui fit connaître le lieu où reposait le corps du martyr. Cette vision ayant été confirmée par des mi-

---

(1) *Liber de miraculis sancti Stephani,* manuscrit de la bibliothèque impériale, supplément latin, 244. Ce manuscrit renferme les légendes de saint Etienne, citées en partie par Chiflet (*Vesontio*, p. 2). Il est du douzième siècle, suivant l'opinion de M. A. Castan, élève de l'école des chartes, qui a bien voulu le compulser pour nous. Il est divisé en quatre parties, renfermant une histoire étendue de saint Etienne et du culte qu'on lui a rendu à Besançon et ailleurs. Ce livre paraît avoir été composé par un archevêque de Besançon, à la prière de l'évêque de Metz, à qui il fut envoyé ; car c'est du collége des Jésuites de Metz que provient le manuscrit.

(2) *Vesontio,* p. II^a.

racles, Lucien en informa Jean, évêque de Jérusalem, qui ordonna de creuser la terre pour chercher le tombeau du saint. On le découvrit le 18 ou le 19 décembre. Il renfermait une pierre où était gravé le mot hébreu *cheliel*, qui signifie une couronne, comme le nom grec d'Etienne (1). Jean, évêque de Jérusalem, se rendit alors à Caphargamala pour reconnaître les saintes reliques, et les fit transporter solennellement dans l'église de Sion, qui était la plus ancienne de la ville sainte.

La révélation du corps de saint Etienne est un des événements religieux les plus célèbres du cinquième siècle, et presque tous les écrivains ecclésiastiques de ce temps en ont parlé (2). Plusieurs Eglises obtinrent quelques-uns des ossements du saint martyr, et prirent soin d'en écrire la relation pour en transmettre fidèlement la mémoire à la postérité (3). C'est ainsi que l'Eglise de Besançon eut le bonheur de recevoir une de ces reliques, ainsi que nous allons le raconter.

Sur la fin du quatrième siècle, Fronime, évêque de Besançon, acheva l'église que ses prédécesseurs avaient commencé de bâtir en l'honneur de saint Etienne, sur le mont Cœlius. Cette basilique devint une des plus vénérées du pays. Mais son plus riche trésor fut l'os du bras du premier martyr, que l'archevêque Célidoine obtint, pour cette église, de la munificence de l'empereur Théodose (4). Cette relique fut apportée à Besançon, vers l'an 446, et reçue avec les démonstrations de la joie la plus vive. Dix évêques des Gaules, avides de prendre

---

(1) Στέφανος, couronne. La fête de l'Invention de saint Etienne se célèbre le 3 août. L'histoire de cette découverte a été écrite par le prêtre Lucien lui-même. Sa relation se trouve à la fin des œuvres de saint Augustin. — Voyez aussi Baillet et Godescard au 3 août.

(2) Voyez TILLEMONT, *Mémoires*, t. II.

(3) *Ibid*.

(4) Voyez la *Vie des Saints de Franche-Comté*, t. Ier, p. 140 et suiv.

part à cette fête, accoururent dans la métropole séquanaise, où se trouvait alors l'impératrice d'Occident, Galla Placidia. Dieu fit éclater sa puissance et la gloire de son serviteur par les miracles qu'il opéra dans cette circonstance. Le plus célèbre de tous est celui qui s'accomplit en présence des évêques. Lorsqu'on voulut détacher quelques parcelles de la relique pour satisfaire leurs pieux désirs, un sang abondant coula de l'ossement aride, et les prélats le recueillirent respectueusement pour l'emporter dans leurs diocèses. Ce prodige éclatant remplit de joie l'évêque Célidoine et son peuple. Il déposa le plus grand os du martyr sous l'autel de l'église de Saint-Etienne (1). « Le plus petit os, dit la légende, fut enchâssé dans l'or et les pierres précieuses, tellement qu'il ressemblait à une main d'homme artistement travaillée, et il fut destiné à donner au peuple la bénédiction par la main de l'évêque, à certains jours solennels. » Cette réception s'était faite le 3 du mois d'août, et le miracle arrivé à Besançon paraît avoir eu un tel retentissement, que dès lors la fête de l'Invention de saint Etienne se célébra ce jour-là dans tout l'Occident. La plupart des églises fondées vers ce temps dans la Séquanie furent dédiées à saint Etienne, et nos pères eurent à cœur de montrer leur piété envers le glorieux martyr dont les *ossements prophétisaient après sa mort* (2).

L'église de Saint-Etienne vit bientôt accourir une multitude de pèlerins. Mais tous n'étaient pas conduits par la piété. Le bras du saint martyr, entouré d'or et de pierres précieuses, tenta la cupidité de quelques voleurs, qui s'introduisirent

---

(1) La basilique, bâtie au bas de la montagne et placée sous l'invocation de saint Etienne et de saint Jean, conserva dès lors ce dernier titre seul, sous lequel elle est désignée aujourd'hui. — Voyez sur ce miracle la *Vie des Saints de Franche-Comté*, tome Ier, page 143.

(2) *Eccli.*, XLIX, 18.

dans l'église pendant la nuit, et enlevèrent les reliques vénérées. Arrivés près de la porte de Malpas, ils détachèrent du reliquaire l'or et les pierreries, et jetèrent l'ossement sacré dans le tournant du Doubs, appelé depuis le *gouffre de Saint-Etienne*. Le matin, des pêcheurs, ayant aperçu dans cet endroit une lumière extraordinaire, s'approchèrent et découvrirent, avec un religieux étonnement, la relique, que les eaux entouraient comme d'un mur. Aussitôt ils en donnèrent avis à l'évêque Prothade, qui gouvernait alors l'Eglise de Besançon. Ce saint prélat accourut, à la tête de la population, pour être témoin du prodige. Les reliques furent reportées processionnellement à la cathédrale, où elles devinrent l'objet d'un culte plus populaire et plus éclatant encore qu'auparavant. Le souvenir de ce miracle s'est conservé de siècle en siècle dans l'Eglise de Besançon, qui en célèbre la mémoire le vingtième jour de juillet. Cette fête est appelée, dans le Bréviaire bisontin, la seconde commémoraison de saint Etienne (1).

L'Eglise de Besançon avait adopté dès les premiers siècles, pour honorer le premier martyr, l'usage de célébrer pendant quarante-deux jours la fête de l'Invention de ses reliques, qui était fixée au 3 août. C'est pour cela qu'on faisait chaque jour, dès le 13 juillet, une mémoire du saint dans l'office divin. Cette mémoire se continuait, même après la fête de l'Invention, jusqu'au 23 du mois d'août. Les étrangers venaient de toute part visiter le sanctuaire du premier martyr, et, pour lui rendre hommage, les princes firent de grandes libéralités à son église. Mais les temps devinrent difficiles. Au dixième siècle, la barbarie s'appesantit sur notre province. *Il n'y avait plus ni roi ni juge*, dit un écrivain du temps. Aussi, ce que des mains

---

(1) *Vesontio*, pars II, p. 133. — *Vie de saint Prothade*, dans le t. 1er de la *Vie des Saints de Franche-Comté*, p. 182.

pieuses avaient offert à saint Etienne, des mains sacriléges essayèrent de l'enlever. Les terres placées sous la protection du premier martyr furent livrées à la désolation, et l'Eglise de Besançon fit entendre alors ce chant de deuil pour exprimer sa douleur : « Nous venons à vous, Seigneur, nous implorons votre secours, humblement prosternés, parce que s'élèvent contre nous les iniques et les superbes, qui se confient dans leurs forces. Ils envahissent, ils pillent, ils dévastent les terres de saint Jean et de saint Etienne ; ils font vivre dans la faim, la douleur et la nudité vos pauvres qui les cultivent; ils les font périr par les tourments et par le glaive..... Votre Eglise, que vous avez fondée dans les temps anciens, en l'honneur de saint Jean et de votre martyr saint Etienne, est assise dans la tristesse, et il n'est personne que vous pour la consoler et la délivrer (1). »

Cette prière, qu'on récitait à la messe avant de donner la paix, exprime d'une manière touchante le triste état de l'Eglise de Besançon au dixième siècle. Des jours meilleurs devaient se lever bientôt. En attendant, Dieu voulut consoler les fidèles en manifestant la gloire de saint Etienne sur la montagne où il était honoré. C'est vers cette époque qu'arriva le miracle suivant, dont nos légendes nous ont conservé le souvenir.

Un marchand catalan venait chaque année dans les montagnes de la Bourgogne pour y acheter de la poix. Quand il passait à Besançon, il ne manquait jamais de visiter l'église bâtie sur la montagne et d'y faire sa prière. Un jour qu'il était arrivé fort tard, il laissa ses compagnons de voyage partir en avant, et ne voulut pas omettre son acte accoutumé de dévotion envers le saint martyr. Comme il faisait déjà nuit, son

---

(1) Voyez le texte de cette prière dans DUNOD, *Histoire de l'Eglise*, t. Ier, aux preuves, p. 8.

hôte le dissuadait de monter à l'église de Saint-Étienne, lui promettant de porter lui-même à l'autel du martyr le flambeau que le marchand voulait offrir. Mais ce dernier, persistant dans sa résolution, gravit aussitôt la montagne, fait son offrande et sa prière, et sort de l'église pour rejoindre ses camarades. Ceux-ci suivaient le chemin qui longe le Doubs au pied du rocher, et qu'on appelle aujourd'hui le faubourg de Rivotte. Comme ils ne voyaient pas venir leur compagnon, ils se mirent à l'appeler à grands cris au milieu des ténèbres.

« En les entendant au-dessous de lui, dit la légende, le malheureux, qui était au sommet du rocher, leur répondit qu'il se hâtait de les rejoindre, et comme la nuit était très obscure, il parvint, en se guidant sur leurs cris, au bord de l'abîme, dont l'aspect l'aurait fait trembler s'il eût vu clair. Car la ville (1), quoique ceinte de rochers de toutes parts, l'est surtout de ce côté. Là, un abîme effrayant, des rochers à pic, interdisent l'accès de la vallée qui s'étend au-dessous. Mais le pieux voyageur, croyant marcher sur un terrain plain, n'hésitait pas à avancer. Tout autre y aurait péri; mais Dieu le transporta miraculeusement au milieu de ses compagnons, sans qu'il eût rien souffert. Ceux-ci lui demandèrent comment il était arrivé si subitement et descendu de si haut sans se faire aucun mal. Il leur répondit qu'il l'ignorait et que cela s'était fait sans effort; il avait été cependant suspendu quelque temps par les cheveux, où il ressentait un peu de douleur. Il continua donc sa route, plein de la joie la plus vive et de reconnaissance pour Dieu et son saint martyr (2). » Le souvenir de ce miracle fut conservé dans les monuments de l'Eglise de Besançon, qui en rappelle encore la mémoire dans l'office du

(1) Besançon était alors bâti presqu'en entier sur la montagne où s'élève aujourd'hui la citadelle.
(2) *Liber de miraculis sancti Stephani.* — *Vesontio*, pars II, p. 134.

23 août, jour où l'on célèbre la troisième commémoraison de saint Etienne.

Le même jour, il est fait mention d'un autre miracle accompli, par l'intercession du premier martyr, en faveur d'un gentilhomme nommé Lambert, qui devint plus tard évêque de Langres. C'était dans les premières années du onzième siècle (1). Lambert était encore magistrat lorsqu'il fut atteint d'une tumeur à la main. Au milieu de vives et continuelles souffrances, il se montra plein de résignation. Il se fit transporter à Besançon, alla visiter l'église de Saint-Etienne, et, se prosternant devant le bras sacré du martyr, il pria Dieu avec instance de calmer ses douleurs, afin qu'il pût faire le pèlerinage de Rome. Après la messe, on fit sur sa main le signe de la croix avec la sainte relique. Quelques instants après, Lambert fut parfaitement guéri, et sa main parut aussi saine que si elle n'eût jamais été malade. Plein de reconnaissance, le pieux gentilhomme courut de nouveau se prosterner devant la relique du martyr pour exprimer sa gratitude à celui auquel, après Dieu, il devait sa guérison miraculeuse (2).

Vers ce temps, Vauthier, archevêque de Besançon, forma le dessein de rebâtir l'église de Saint-Etienne, qui tombait en ruines. Mais la mort l'empêcha d'exécuter son projet, et ce fut son successeur, Hugues le Grand, qui accomplit cette œuvre. Lorsque l'église fut terminée, le pape Léon IX se rendit à Besançon et consacra le maître-autel de Saint-Etienne, le 3 octobre 1050. L'acte de cette consécration fut gravé sur une pierre exposée dans l'église même. On y lisait que Léon IX avait renfermé dans l'autel le chef de saint Agapit, l'os principal du bras de saint Etienne et deux vertèbres de saint Vin-

---

(1) Lambert fut sacré évêque de Langres en 1015, et mourut en 1030. (*Histoire des évêques de Langres*, par M. l'abbé Mathieu, p. 49.)

(2) *Vesontio*, pars II, p. 136.

cent ; qu'il avait institué une fête anniversaire de cette dédicace, avec indulgence pour tous ceux qui visiteraient l'église ce jour-là.

Hugues Ier, qui fit tant d'institutions utiles à Besançon, les plaçait toujours sous la protection d'une pensée religieuse. Pour relever le commerce de cette ville, il y créa des marchés quotidiens, et fit servir la fête de la dédicace de Saint-Etienne à l'établissement d'une foire annuelle. Afin que les marchands y vinssent sans crainte, Léon IX déclara que le jour et la veille de cette solennité seraient compris dans la *trêve de Dieu*, et il prit sous sa protection les personnes et les biens de ceux qui visiteraient l'église de Saint-Etienne à certains jours de fête [1]. L'an 1054, le même pape adressa à l'archevêque Hugues Ier une bulle datée de Rome, du 11 janvier, dans laquelle il mentionne la consécration qu'il avait faite, deux ans auparavant, de l'autel de Saint-Etienne, et confirme tous les privilèges dont il avait enrichi cette église, entre autres l'usage de la mitre, des gants et des autres ornements pontificaux, qu'il avait accordé aux chanoines [2].

Le culte de saint Etienne reprit alors un nouvel éclat. Hugues le Grand rétablit le chapitre de cette église et le composa de cinquante chanoines, ayant à leur tête un doyen, et

---

[1] *Vesontio*, pars II, p. 205. Cet autel de saint Etienne, consacré par Léon IX, renfermait un marbre d'un travail remarquable, creusé en forme de rose. C'est sous ce marbre qu'était déposée la relique du martyr. Le jeudi saint, après le lavement des autels, on versait seize pintes de vin rouge dans cette pierre, et, quand ce vin était bénit, chaque chanoine en buvait quelques gouttes, et le reste était distribué au peuple. Cette rose de marbre est aujourd'hui incrustée dans le mur de l'église Saint-Jean, au milieu des stalles des chanoines. On y lit l'inscription suivante :

Hoc signum præstat populis cœlestia regna.

[2] Cette bulle est imprimée dans l'*Histoire de Tournus*, par Chifflet, aux preuves, p. 361.

pourvus de revenus suffisants. Il releva l'ancien atelier monétaire de Besançon, et fit graver son nom sur la nouvelle monnaie, qui portait d'un côté le bras de saint Etienne avec le mot *Stephanus*, et de l'autre une croix avec le mot *Vesuntium* et les quatre lettres formant le nom de Hugues (*Hugo*) (1). Dès lors, les comtes de Bourgogne suivirent l'usage de rendre la justice, le jour de la fête du martyr, devant le cloître de Saint-Etienne (2). Ils choisirent leurs tombeaux dans le parvis de cette cathédrale, et s'estimèrent heureux de reposer, après leur mort, sous la protection du grand patron de la province.

Hugues Ier, dont la prévoyance s'étendait à tout, recueillit pieusement les usages liturgiques de son diocèse. Ils furent rassemblés dans un corps d'ouvrage qui porte encore le nom de *Rituel de saint Prothade* (3). Ce précieux recueil nous apprend en détail comment on célébrait autrefois à Besançon les différentes fêtes de saint Etienne. Le 26 décembre, jour de la solennité principale, les congrégations religieuses se rendaient processionnellement sur la montagne avec toute la pompe possible. Le clergé de Saint-Jean arrivait le dernier de tous à l'église, et, après la récitation de Tierce, l'archevêque célébrait la messe, accompagné de cinq prêtres, de cinq diacres, de cinq sous-diacres, de cinq acolytes et de cinq porte-flambeaux. Cependant, ces quinze derniers, quelles que fussent d'ailleurs leurs fonctions, devaient tous être diacres, *à cause*, dit le Rituel, *de l'ancienne coutume de cette fête*. Après la

---

(1) Le privilége de battre monnaie avait été accordé par Charles le Chauve au chapitre de Saint-Etienne. Cette monnaie s'appelait *moneta stephaniensis*. De là l'expression de *sou estevenant*.

(2) *Régestes de Hugues Ier*, par Duvernoy, séance de l'académie du 30 août 1847, p. 126.

(3) Les matières principales de ce livre sont empruntées à un travail fait autrefois par saint Prothade. Mais on convient qu'il a été interpolé du temps de Hugues Ier.

messe, l'archevêque, selon l'antique usage, recevait à dîner tous les chanoines, pour rappeler les festins que les premiers chrétiens faisaient aux fêtes des martyrs (1).

La fête de l'Invention des reliques de saint Etienne se célébrait le 3 août avec encore plus de solennité. Le clergé jeûnait la veille de ce jour, et les laïques eux-mêmes observaient ce jeûne par dévotion. Tout le clergé de la ville se rendait processionnellement à Saint-Etienne pour les premières vêpres, qu'on chantait solennellement. Les chanoines de Saint-Jean occupaient la droite du chœur, ceux de Saint-Etienne la gauche. Depuis les vêpres jusqu'à la messe du lendemain, il y avait à Saint-Etienne *laus perennis*, c'est-à-dire que l'office et les prières se continuaient sans interruption toute la nuit (2). Le lendemain, on faisait la procession sous le cloître de Saint-Etienne, et l'archevêque célébrait ensuite pontificalement.

Plus tard, la célébration de la fête du 3 août amena d'autres usages. Certains abbés, prieurs ou chanoines du dehors, devaient assister à l'office de Saint-Etienne dès les premières vêpres de cette solennité, et y remplir quelque fonction. Aux matines, la première leçon était lue par un chanoine de Saint-Maurice, de Salins ; la seconde, par un chanoine de Saint-Anatoile ; le prieur de Lons-le-Saunier lisait la sixième ; celui de Mouthier-Hautepierre, la septième ; l'abbé de Goailles, la huitième, et l'archevêque, la neuvième. Le chapitre s'efforça de maintenir, le plus longtemps qu'il put, ces usages, qui semblaient rattacher toutes les autres Eglises à l'Eglise-mère (3).

---

(1) Voir le Rituel de saint Prothade, *Ordo in die sancti Stephani.*

(2) *Sicque tota nox in laudibus deducatur.* (*Ibid.*, *Ordo in Inventione protomartyris.)*

(3) Quand l'abbé de Goailles et les prieurs de Lons-le-Saunier et de Mouthier cessèrent de venir à la fête de Saint-Etienne, le chapitre s'efforça d'empêcher en quelque sorte la prescription de cet usage. A l'office de ma-

Cependant ils disparurent peu à peu ; mais le peuple en conserva longtemps encore quelques traces, et tous les ans les fidèles de Besançon, et particulièrement les vignerons et artisans de Battant, allaient à l'église métropolitaine assister à la messe pontificale de Saint-Etienne.

Un des plus singuliers usages de la fête de saint Etienne était l'offrande de la glace, qui se faisait à la solennité du 3 août. Les habitants du village de Vellerot, en qualité de tenanciers du *meix Maillard*, devaient à l'église de Saint-Etienne une redevance annuelle d'une voiture de glace, qu'ils amenaient de la Grâce-Dieu (1). Cette redevance se réduisit plus tard à l'offrande d'un morceau de glace. Lorsque le chœur chantait l'offertoire, le député de Vellerot, portant cette offrande sur un bassin d'argent qu'on lui fournissait à la sacristie, entrait au chœur nu-pieds et un flambeau à la main. Il allait se placer du côté de l'épître, et présentait à genoux la glace au célébrant, qui la bénissait en récitant une oraison composée à ce sujet. L'offrant se retirait ensuite en faisant une révérence à l'autel, et la glace, coupée en petits morceaux,

tines, après le cinquième répons, un choriste disait à haute voix : *Prior de La done debet sextam lectionem ; si adsit, legat ; sin autem, accuso ejus contumaciam et peto actum.* Et l'officiant répondait : *Decerno.* On appelait de la même manière le prieur de Mouthier et l'abbé de Goailles. (Voyez la lettre de l'abbé FLEURY, dans le *Mercure de France*, 1er septembre 1741.)

(1) Cette redevance était marquée en ces termes dans le Nécrologe de l'église métropolitaine : *Habitantes in loco de Vellerot hâc die tenentur cum curru glaciem à se advectam offerre in missâ solemni, nudis pedibus, ardentem ferentes facem.* Quelques-uns disaient que c'était une peine à laquelle les habitants de Vellerot étaient soumis pour avoir assassiné un chanoine de Besançon, leur seigneur. Mais l'abbé Fleury pense que cette glace était simplement destinée pour l'usage du clergé, qui, le 3 août, était invité à dîner par l'archevêque, selon la coutume des premiers siècles de l'Eglise, où l'on célébrait par des festins les fêtes des martyrs. (Lettre du 1er septembre 1741 au *Mercure de France*, et dans la *Revue franc-comtoise* de 1843.)

était distribuée, après la communion du célébrant, aux chanoines et à tous les assistants du chœur.

Une autre coutume, aussi singulière, se rattachait à la fête de saint Etienne. Chaque année au 4 août (1), les habitants d'Auxon-Dessus conduisaient à l'église métropolitaine une voiture de petits joncs verts. Le célébrant les bénissait à la sacristie pendant Tierce, et on les distribuait ensuite aux chanoines, aux chapelains et aux chantres, qui les portaient en guise de palmes, à la procession claustrale de ce jour.

Ces coutumes rappelaient les mœurs naïves de nos pères. Elles cessèrent dans le courant du siècle dernier, contre le gré des chanoines, qui tenaient à les conserver comme un souvenir du passé. D'autres usages, relatifs au culte du saint martyr, sont rapportés dans le *Rituel de saint Prothade*. Ce sont les processions que l'on faisait, nu-pieds, à l'église de Saint-Etienne, au commencement du carême (2). On s'y rendait encore processionnellement, le Vendredi saint, et, par un usage particulier à l'Eglise de Besançon, on y portait le saint Sacrement sans croix ni chandeliers (3). Le 3 octobre, on célébrait la dédicace de l'autel de saint Etienne, faite par le pape Léon IX. Ce jour-là, à la messe pontificale, l'archevêque était accompagné de sept diacres et de sept sous-diacres, ayant tous mitre en tête, dit le *Rituel*, vêtus à la manière romaine et portant les sandales, selon l'ordre établi par Léon IX (4). Comme l'enceinte de l'église était souvent trop étroite pour la foule, l'archevêque sortait avec la sainte relique pour bénir le peuple

---

(1) L'Invention de saint Etienne est marquée ce jour-là dans le Missel bisontin de 1529.

(2) *Ordo in capite jejunii.*

(3) *Ordo in die Parasceves.*

(4) *Ordo in Inventione protomartyris.*

prosterné sur la montagne (1), et aux jours de Pâques et de Noël, on la portait processionnellement à Saint-Jean (2).

A l'église élevée en l'honneur du premier martyr se rattachent une foule d'événements que nous ne pouvons que mentionner. C'est là que reposa longtemps le saint Suaire; c'est là qu'étaient conservées les reliques les plus précieuses du diocèse. Celles de saint Etienne furent heureusement sauvées dans l'incendie qui dévora cette église en 1349. Relevée de ses ruines, en 1370, sous l'archevêque Aymon II, elle fut condamnée à la destruction en 1674, lorsque Louis XIV, maître de la Franche-Comté, voulut élever les fortifications de la citadelle. Cet édifice, consacré à la religion dès les premiers siècles de l'ère chrétienne, était un des plus chers objets de la vénération des Franc-Comtois, et c'est avec douleur que l'archevêque Antoine-Pierre de Grammont se vit obligé de le sacrifier. Quatre chanoines (3) furent chargés alors d'ouvrir les sépulcres de tous les autels de Saint-Etienne et d'en retirer les reliques. Ils trouvèrent dans le grand autel les ossements du premier martyr avec toutes les autres reliques spécifiées dans l'acte de consécration. On les rapporta respectueusement dans l'église de Saint-Jean, et le grand os du bras de saint Etienne fut renfermé dans le reliquaire d'or, en forme de bras, qui contenait auparavant le petit os du saint martyr. Cette dernière relique fut renfermée, plus tard, dans le grand autel de Saint-Jean (4).

Parmi les statues et objets pieux qui furent transportés de

---

(1) CHIFLET, *De Linteis*, p. 82.
(2) *Hist. du diocèse*, par M. Richard, t. Ier, p. 320.
(3) MM. Jobelot, Perrinot, Boudret et Franchet.
(4) *Etat des reliques de l'église métropolitaine* en 1723, manuscrit de la bibliothèque de la ville. — *Actes* de la consécration de l'autel de Saint-Jean faite par Mgr de Grammont.

Saint-Etienne à Saint-Jean, se trouvait un buste de bois peint, représentant le premier martyr, et dans lequel on découvrit quelques ossements enveloppés dans un morceau de taffetas, mais sans aucune indication (1). Ce reliquaire a disparu pendant la révolution française. Une boule en bronze, exposée précédemment à la vénération publique dans l'église de Saint-Etienne, derrière le grand autel, fut ouverte également, et l'on y trouva un petit ossement du saint martyr et un autre de saint Agapit (2).

Le 13 juillet 1723, on fit un inventaire des reliques conservées à Saint-Jean, et celles de saint Etienne furent reconnues entières. Mais, comme le grand os menaçait de tomber en poussière, il fut lié entre quatre petits bois de sapin, sur lesquels on attacha l'inscription suivante : *Nunquàm aperiatur, ne sacrum os brachii sancti Stephani hìc inclusum cedat in pulverem, quia jam partìm confractum est. Die 13ª julii 1723* (3).

L'ossement précieux fut ensuite replacé dans le reliquaire d'or en forme de bras, où il fut conservé jusqu'à la fin du siècle dernier (4). Quoique transportées hors de leur antique

---

(1) Dans une visite faite en 1723.

(2) C'est ce qu'indiquait la note suivante de M. Jobelot, trouvée en 1723 par les chanoines qui vérifièrent ces reliques :
Ex brachio sancti Stephani, martyris, et de capite sancti Agapiti.

(3) « Ne pas ouvrir, de peur que l'os sacré de saint Etienne, renfermé ici, ne tombe en poussière, parce qu'il est déjà en partie brisé. » *(Etat des reliques, 1723.)*

(4) D'autres reliques, renfermées dans ce reliquaire, en furent retirées alors. Elles étaient accompagnées de l'authentique suivant : *Hæc reliquiæ continentur in brachio sancti Stephani : nodus de spinâ sancti Vincentii cum parvulo osse manûs ipsius ; .... de vestimento et velo sanctæ Mariæ, de ligno crucis, de pallio Eliæ prophetæ, de reliquiis sancti Symphoriani, sancti Fausti, sancti Bauniti et sancti Gerebaldi, episcopi ; de corpore et vestimentis sancti Pauli, primi eremitæ, et de furcâ palmæ quæ ei victum præbuit. (Etat des reliques de l'église métropolitaine, 1723.)*

sanctuaire, les reliques du premier martyr étaient toujours, selon l'expression de l'ancienne légende, un des plus riches trésors de l'Eglise de Besançon, obtenant le pardon aux coupables et la guérison aux malades. Elles furent, suivant la coutume ancienne, portées en procession ou exposées à la vénération des fidèles, aux principales fêtes de l'année. Cependant, le souvenir de saint Etienne ne devait pas disparaître entièrement de la montagne où il avait été invoqué si longtemps. Dans l'intérieur des fortifications élevées par le génie de Vauban, on construisit une chapelle qui fut dédiée au premier martyr. Les fidèles de Besançon demandèrent alors et obtinrent la permission d'aller prier sur la montagne, au moins le jour de la fête de saint Etienne. Ce pèlerinage, pieux souvenir des anciennes solennités si chères à nos pères, continua jusqu'à la révolution française, et alors l'église de la citadelle fut fermée comme toutes les autres.

Les reliques de la cathédrale tombèrent entre les mains des révolutionnaires, qui travaillaient à faire disparaître tout ce que le christianisme avait honoré. Ils enlevèrent l'or et les pierreries des châsses et des reliquaires, et brûlèrent les ossements des saints dans une de ces fêtes impures qui remplaçaient alors les solennités chrétiennes. Le 8 juin 1794, jour désigné pour célébrer *la fête de l'Etre-Suprême*, le cortége des jacobins, conduit par le représentant Lejeune, se rendit au Champ de l'Egalité (Chamars), « où l'on avait construit, dit un journal du temps, une montagne de soixante pieds de hauteur, au bas de laquelle se trouvait un bûcher composé de croix, de saints, de saintes, de chapelets, de tableaux, de livres d'église, de bénitiers, enfin de sainte Ursule et de ses *onze mille prétendues vierges* (1). » Lejeune, après avoir prononcé

---

(1) La *Vedette*, n° du 20 prairial an II. — Le journal jacobin veut sans

un violent discours contre la *superstition et le fanatisme*, s'approcha du bûcher, un flambeau à la main, et mit le feu à tous ces objets vénérés dont on avait dépouillé les temples chrétiens. Ainsi périrent un grand nombre de nos saintes reliques, et en particulier celles de saint Etienne, les plus authentiques de toutes celles du premier martyr qui étaient conservées alors dans le monde chrétien (1). Pendant ces fêtes impies qui déshonoraient la France, les chrétiens se cachaient comme au temps des premières persécutions. Ceux de Besançon gémissaient de voir les objets si chers à leurs pères livrés à la profanation. Enfin, des jours meilleurs luirent sur la France, et si on ne possédait plus les reliques des saints, on put au moins célébrer leurs jours de fête.

L'église de la citadelle de Besançon, qui était restée fermée sous l'empire, fut rendue au culte en 1815. Mais les aumôniers de régiments, chargés du service religieux de la forteresse, ne connaissaient pas l'antique dévotion des Franc-Comtois pour la montagne de saint Etienne, et ne firent rien pour en restaurer le pèlerinage. On ferma de nouveau cette église en 1830, lorsque le service des aumôniers dans l'armée fut supprimé.

Cependant il était dans les desseins de Dieu que son martyr fût encore glorifié dans ces lieux. En 1832, le cardinal de Rohan, archevêque de Besançon, rapporta de Rome un os du bras de saint Etienne. Il annonça cette heureuse nouvelle à son diocèse par un mandement du 20 juillet. Après avoir rap-

---

doute désigner ici les reliques d'une des compagnes de sainte Ursule, conservées chez les dames de Battant. — Voyez aussi la relation citée par M. l'abbé Richard, *Histoire du Diocèse*, t. II, p. 470.

(1) BAILLET, 3 août. — Le petit os de saint Etienne avait été placé, par Mgr de Grammont, dans le maître autel de Saint-Jean. Nous ignorons à quelle époque il en a été retiré.

pelé aux fidèles le culte de nos pères pour saint Etienne, et leur douleur quand des mains impies livrèrent ses ossements sacrés aux flammes, il termine par ces mots :

« Le Seigneur nous avait réservé le bonheur de réparer tant de pertes, et de ranimer parmi vous, N. T. C. F., une tendre dévotion envers notre saint protecteur. Rome, qui possède le corps de ce grand saint, nous a permis d'en détacher l'autre bras, qui protégera de nouveau, de son ombre tutélaire, notre Eglise et notre peuple. C'est muni de ce puissant et nouvel appui que nous avons quitté la ville sainte pour revenir au milieu de vous, et, à l'approche de la fête solennelle que nous célébrons chaque année, nous voulons l'exposer à vos hommages, à votre culte et à votre foi. »

Pour se préparer à célébrer dignement la fête de saint Etienne, on commença, le 26 juillet, à l'église métropolitaine, une neuvaine qui se termina le vendredi 3 août. Pendant ces neuf jours, la relique fut exposée à la métropole. Le 3 août et le dimanche suivant 5 août, l'église de Saint-Jean fut illuminée d'une manière splendide, et la chapelle du Saint-Suaire tendue de rouge du haut en bas. La solennité fut digne de la magnificence d'un prélat qui savait faire un noble emploi de ses richesses, en les consacrant à relever la gloire de son Eglise. Cette fête fut suivie d'une quarantaine de prières, ordonnée par le cardinal dans tout le diocèse, et qui se termina le 15 septembre (1).

En 1848, le nouvel os de saint Etienne fut richement enchâssé dans un reliquaire en vermeil, que Son Em. Mgr le Cardinal Mathieu offrit à l'insigne chapitre de son église métropolitaine. Ce don magnifique était l'accomplissement d'un vœu fait par l'éminent prélat en faveur de son frère, M. Pierre-

(1) Mandement du 20 juillet 1832.

Louis-Aimé Mathieu, vice-amiral de France (1). L'année même où Mgr Mathieu offrit ce reliquaire à sa cathédrale, il obtint que l'église de la citadelle fût rendue au culte catholique (2). Il en fit de nouveau la bénédiction le 17 février 1849. Dès les neuf heures du matin, un nombreux concours de prêtres et de fidèles, réunis au premier pasteur du diocèse, se rendit processionnellement de l'église métropolitaine à la chapelle de Saint-Etienne. Le prélat, entouré de son chapitre métropolitain, tenait entre ses mains l'insigne relique du premier martyr, et bénissait les fidèles prosternés sur son passage. Des chants pieux, appropriés à la circonstance, se faisaient entendre sur la montagne, où le culte de Dieu et de son martyr avait été interrompu depuis si longtemps. Un trône préparé avec élégance à l'entrée de l'église reçut la sainte relique, et le glorieux martyr, si longtemps vénéré par nos pères, reprit possession de son trône et de son autel. Mgr l'Archevêque bénit alors la chapelle, et adressa à la nombreuse assistance une allocution pleine d'à-propos, dans laquelle il développa ce texte, si justement appliqué au martyr dont le culte allait refleurir en ces lieux : *In excelsis habitabit; munimenta saxorum sublimitas ejus.* Il habitera dans les hauts lieux, et sera élevé comme un rempart bâti sur le roc (*Isaïe*, XXXIII, 16) (3).

C'est avec un vif sentiment de joie que les fidèles de Besançon ont vu la restauration du pèlerinage de Saint-Etienne. Grâce à la bienveillance des autorités militaires, l'entrée de la citadelle est ouverte au public pour la fête du 26 décembre, et chaque année les pieux visiteurs vont en foule prier sur la

(1) Une inscription, gravée sur le reliquaire, rappelle la mémoire de ce vœu. Elle est rapportée par M. l'abbé RICHARD, t. II, p. 526.
(2) Ordonnance du 20 décembre, signée *Lamoricière*.
(3) Registre des délibérations du chapitre métropolitain, 17 février 1849.

montagne sainte. Ce jour-là, Son Em. Mgr l'archevêque de Besançon, suivi du chapitre et du clergé de la métropole, se rend processionnellement, à une heure de l'après-midi, dans la chapelle de Saint-Etienne. La sainte relique est portée par le prélat, qui bénit les fidèles et les communautés d'hommes et de femmes réunis ce jour-là au sanctuaire du martyr.

Grâce à l'activité et au bon goût de M. l'aumônier de la citadelle (1), l'église de Saint-Etienne est aujourd'hui pourvue d'ornements, de vases sacrés, embellie de tableaux et de vitraux peints, et digne, en un mot, de sa destination. Ce n'est plus, il est vrai, la richesse et la splendeur que les anciens d'Israël admiraient dans le premier temple. Mais l'hommage de la foi est le plus bel ornement du sanctuaire, et si nous n'avons pas conservé les trésors dont nos pères avaient enrichi le tombeau du martyr, le souvenir de leur piété est un héritage que nous devons nous efforcer de conserver religieusement.

C'est pour ranimer cette piété antique que Mgr l'Archevêque de Besançon a sollicité, auprès de Sa Sainteté Pie IX, un bref d'indulgences en faveur de ceux qui visiteraient l'église de Saint-Etienne. Son Eminence a représenté au Saint Père la grande dévotion des fidèles de son diocèse envers le premier martyr et leur empressement à célébrer sa fête. Par un bref daté de Rome le 9 avril 1853, Pie IX a accordé une indulgence plénière à tous ceux qui, ayant reçu les sacrements de pénitence et d'eucharistie, visiteront l'église de la citadelle le 26 décembre, et y prieront selon les intentions du Souve-

---

(1) M. l'abbé Guibard, jaloux de ranimer autant que possible les pieux usages des temps passés, a obtenu aussi pour sa chapelle quelques parcelles des ossements de saint Etienne. Elles sont enchâssées dans un reliquaire antique, élégamment réparé, qu'on expose aux principales fêtes de l'année.

— 24 —

rain Pontife. Il a, de plus, accordé cent jours d'indulgence, pour tous les jours de l'année, à ceux qui réciteront pieusement, dans la même église, trois fois le *Pater*, l'*Ave* et le *Gloria Patri* en l'honneur de saint Etienne (1).

C'est ainsi que, malgré le malheur des temps, le diocèse de Besançon garde pieusement le culte antique du premier martyr et peut encore honorer ses restes bénis. Cinq fois pendant l'année notre Eglise célèbre son souvenir : d'abord, le 26 décembre, jour de la fête principale; ensuite le 13 et le 20 juillet; puis le 3 août, jour fixé pour solenniser l'Invention du corps de saint Etienne; enfin, le 23 août, jour de la troisième commémoraison du premier martyr. Puissent tous ces pieux souvenirs rester toujours vivants parmi nous ! « Que l'attachement le plus inviolable à la foi, dirons-nous avec un pieux prélat, que la charité la plus ardente et la plus étendue, soient le fruit du culte que nous rendons au premier martyr, afin qu'en imitant ses vertus sur la terre, nous puissions mériter les biens éternels qu'il possède ! »

(1) Registre de l'église de Saint-Etienne.

(Extrait de la **Vie des Saints de Franche-Comté**, par les Professeurs du collége Saint-François-Xavier.)

BESANÇON, IMPRIMERIE DE J. JACQUIN.

www.ingramcontent.com/pod-product-compliance
Lightning Source LLC
Chambersburg PA
CBHW060728050426
42451CB00010B/1678